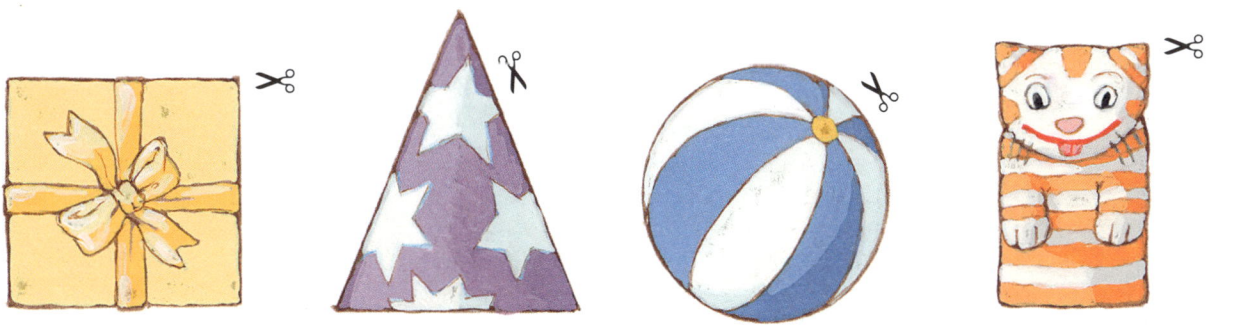

 Ziele: Sammeln von Raum-Lageerfahrungen; Orientierung im Raum (links, rechts, oben, unten, vor, hinter …)
Vorübungen: Spiele mit dem Puppenhaus (Bsp.: „Stelle den Schrank *neben* das Bett …"); Ausführen von Bewegungen nach Anweisung (Bsp.: Hebe deinen *linken* Arm. Laufe / Hüpfe nach *vorn* / *hinten* …)
AB: Ausschneiden der Gegenstände; Anordnen auf dem Bogen nach Anweisung (Bsp.: „Lege den Ball *vor* Mimis Bein …")

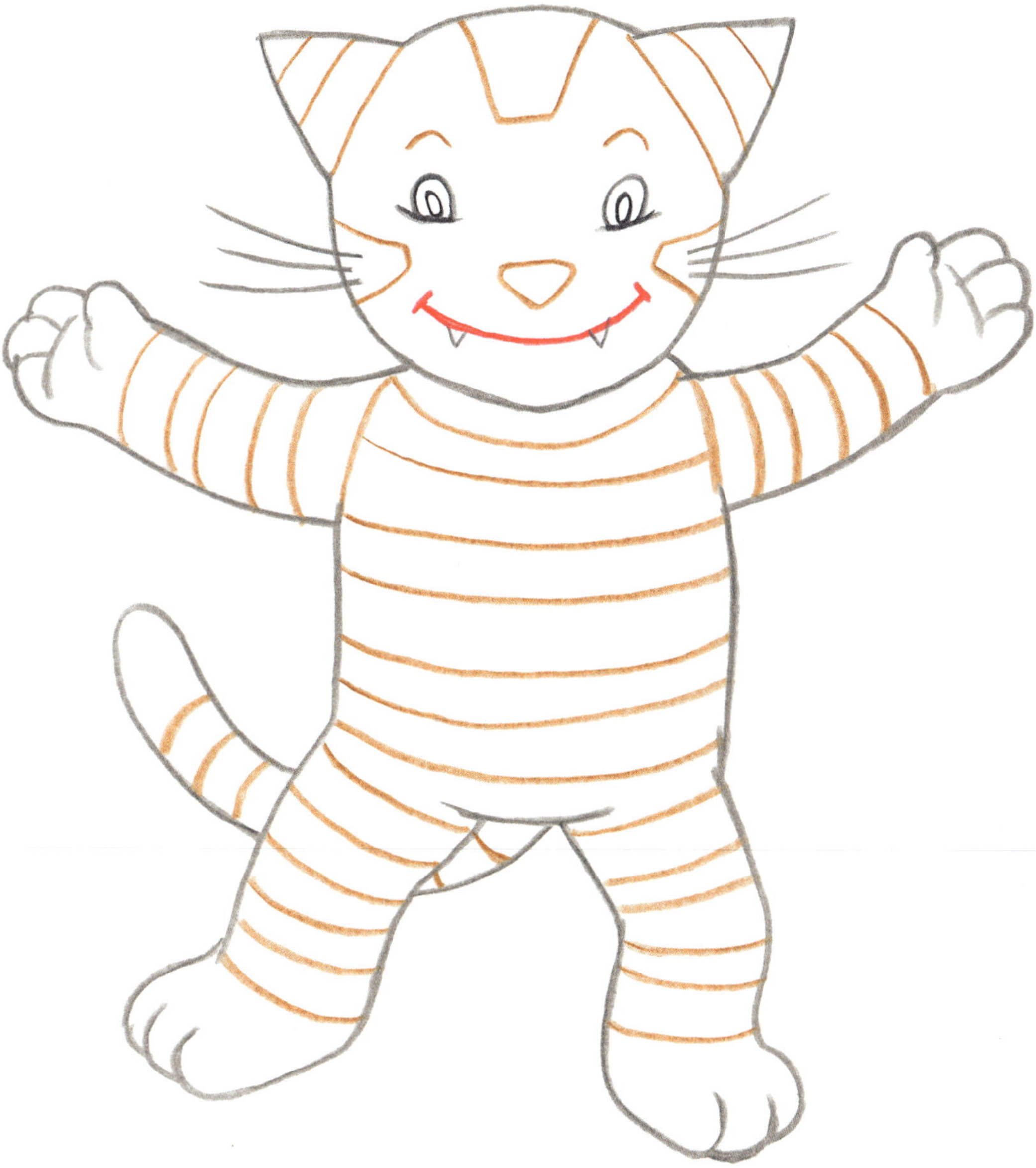

1

Ziele: Sammeln von Raum-Lageerfahrungen; Orientierung im Raum (links, rechts, oben, unten, vor, hinter …)
Vorübungen: Auslegen von Realgegenständen im Raum; Stellen von Fragen und Aufträgen (Bsp.: „Wo liegt der Ball?";
„Lege das Geschenk *vor* die Tafel.")
AB: Anordnen der ausgeschnittenen Gegenstände auf dem Bogen nach Anweisung: selbstständiges Auslegen / Beschreiben

●

●

© 2013 Cornelsen Schulverlage GmbH, Berlin

 Ziele: Links-Rechts-Orientierung; Anbahnung der Schreibrichtung; Ziehen von waagerechten Linien
Vorübungen: Linienablaufen auf dem Schulhof (Auslegen eines Seils; Kreidelinien …)
AB: Ausmalen der oberen Fläche von links nach rechts; Nachspuren der Linien im Begrenzungsfeld und ohne Begrenzung; Verbinden der Anfangs- und Endpunkte; freies Zeichnen einer Linie (Achtung: links-rechts-Richtung einhalten!)

4

Ziele: Links-Rechts-Orientierung; Anbahnung der Schreibrichtung; Ziehen von waagerechten Linien
Vorübungen: Zeichnen von waagerechten Linien mit unterschiedlichen Materialien (Schwamm und Tafel,
dicker Pinsel und Tapete, Finger und Sandkasten, auf dem Rücken eines anderen Kindes)
AB: Nachspuren der Linien im Indianerzelt mit einem Stift oder mit Buntstiften

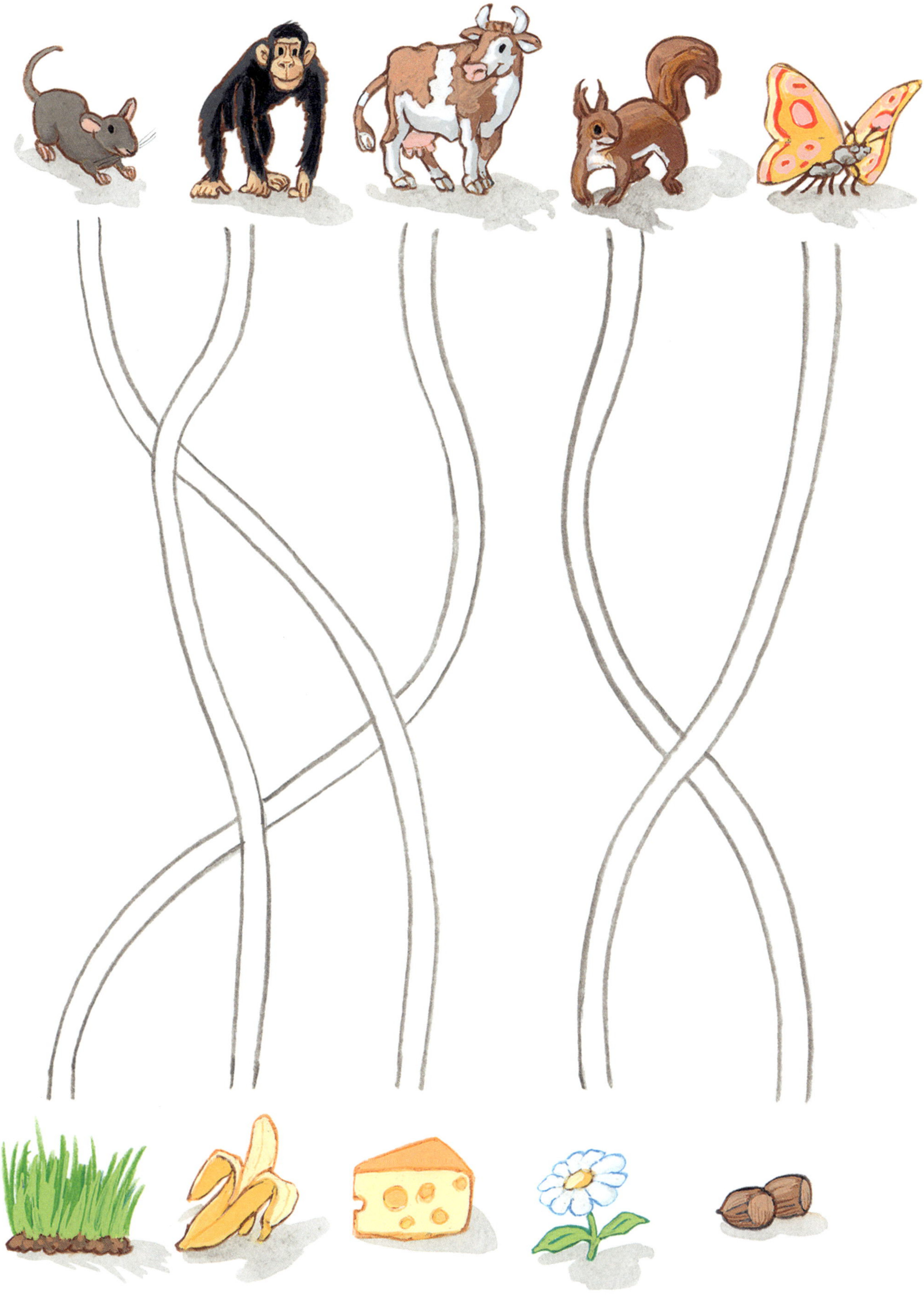

Ziele: Raum-Lage-Orientierung; Verfolgen einer Hohllinie trotz Kreuzung
Vorübungen: Kreuzen der Körpermitte durch spielerische Übungen (Bsp.: „Lege deine rechte Hand auf das linke Ohr. Fasse mit der linken Hand deinen rechten Fuß an.“); Herstellen von Linien mit Knete, Streichhölzern, Seilen
 AB: Entlangfahren der Hohllinien von oben nach unten; Tipp: Nutzen des Sprechanlasses

5

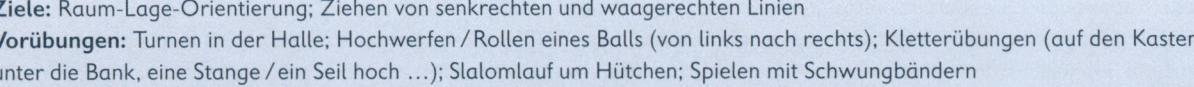

Ziele: Raum-Lage-Orientierung; Ziehen von senkrechten und waagerechten Linien
Vorübungen: Turnen in der Halle; Hochwerfen / Rollen eines Balls (von links nach rechts); Kletterübungen (auf den Kasten, unter die Bank, eine Stange / ein Seil hoch …); Slalomlauf um Hütchen; Spielen mit Schwungbändern
AB: Nachspuren, freies Zeichnen von waagerechten und senkrechten Linien

Ziele: Unterscheiden von Farben (grün, blau, gelb, rot); Zuordnen von Farbe und Gegenstand
Vorübungen: Auslegen von Realgegenständen (gelber Weihnachtsstern, Tomate, Fibel …); Zuordnen auf vier (blau, gelb, grün, rot) A2-Pappen; Benennen der Farben; Spiel: Ich sehe was, was du nicht siehst …
AB: Ausmalen der dargestellten Gegenstände in der richtigen Farbe

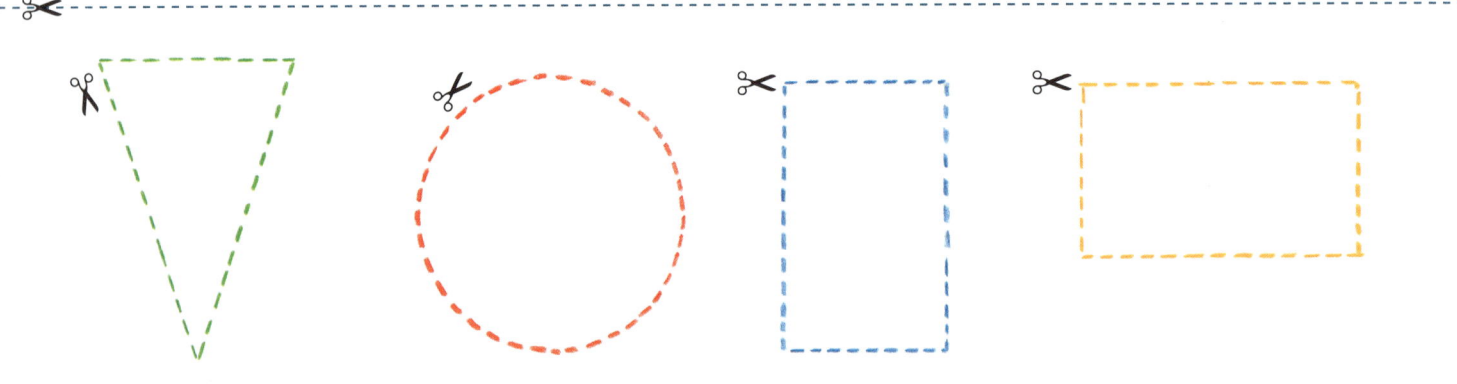

Ziele: Erkennen und Benennen der drei Grundformen (Dreieck, Viereck, Kreis)
Vorübungen: Suchen der Formen im Klassenraum; Herstellen der Formen: Legen mit Stäbchen, Nutzen von Schablonen
AB: Nachzeichnen der Linien und Ausmalen der Grundformen im unteren Streifen; Ausschneiden; Auflegen auf die Abbildungen; Aufkleben der Formen im unteren Feld

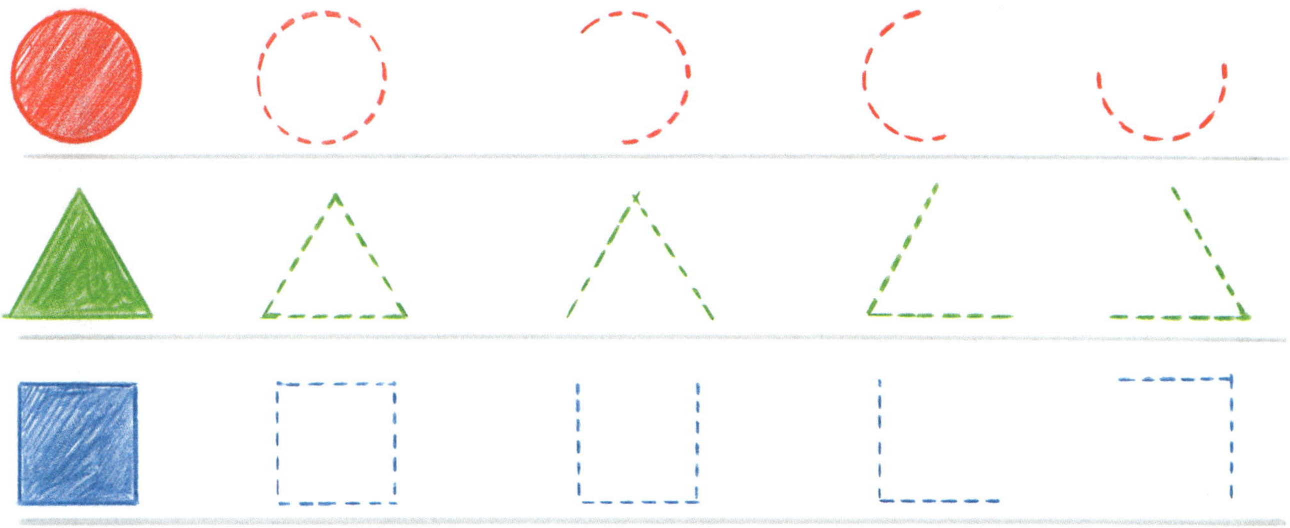

 Ziele: Erkennen und Benennen der drei Grundformen (Dreieck, Viereck, Kreis); Klassifizieren der Grundformen
Vorübungen: Suchen der Grundformen bei Verkehrszeichen und bei Realgegenständen(Knöpfe, Bücher …);
Vorstellen verschiedener Vierecke (Quadrat, Trapez, Rechteck …) und Dreiecke; Kneten, Malen, Schneiden eigener Formen
AB: Umkreisen der gleichen Grundformen; Nachspuren, Ergänzen und Ausmalen; Verbinden und Ausmalen

Ziele: Wiederfinden der drei Grundformen (Dreieck, Viereck, Kreis) und der passenden Farben; Bilden von logischen Ketten

Vorübungen: Legen von Mustern mit farbigen Plättchen (Dreieck, Viereck, Kreis); Anfertigen von eigenen Bildern aus den Grundformen mit Schablonen; Nutzen des Sprechanlasses

AB: Vervollständigen des Rahmens; Ausmalen des Bildes: Viereck = gelb, Dreieck = grün, Kreis = rot

Ziele: Erkennen und Zuordnen von Schattenbildern; Bestimmen eines Gegenstandes durch Form und Umriss

Vorübungen: Schattenspiele: Auflegen von Gegenständen auf OH-Projektor; Raten des Gegenstandes; Herstellen von Schattenfiguren mit den Fingern; Umfahren der Umrisse von Gegenständen mit den Fingern, Beschreiben

AB: Ausschneiden der Bilder als Memo oder Domino; Zuordnungsspiel; evtl. Ausmalen der Bilder

11

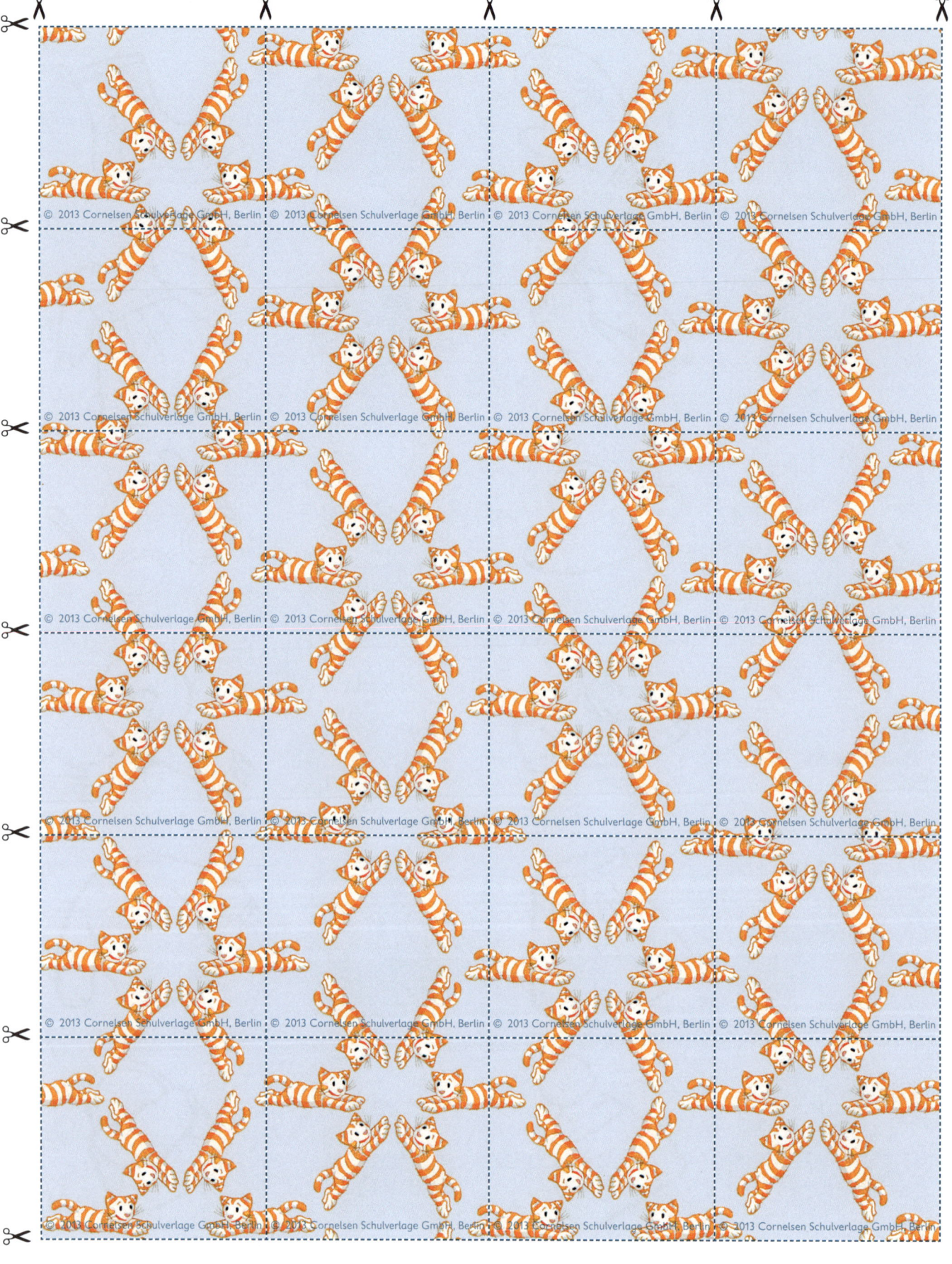

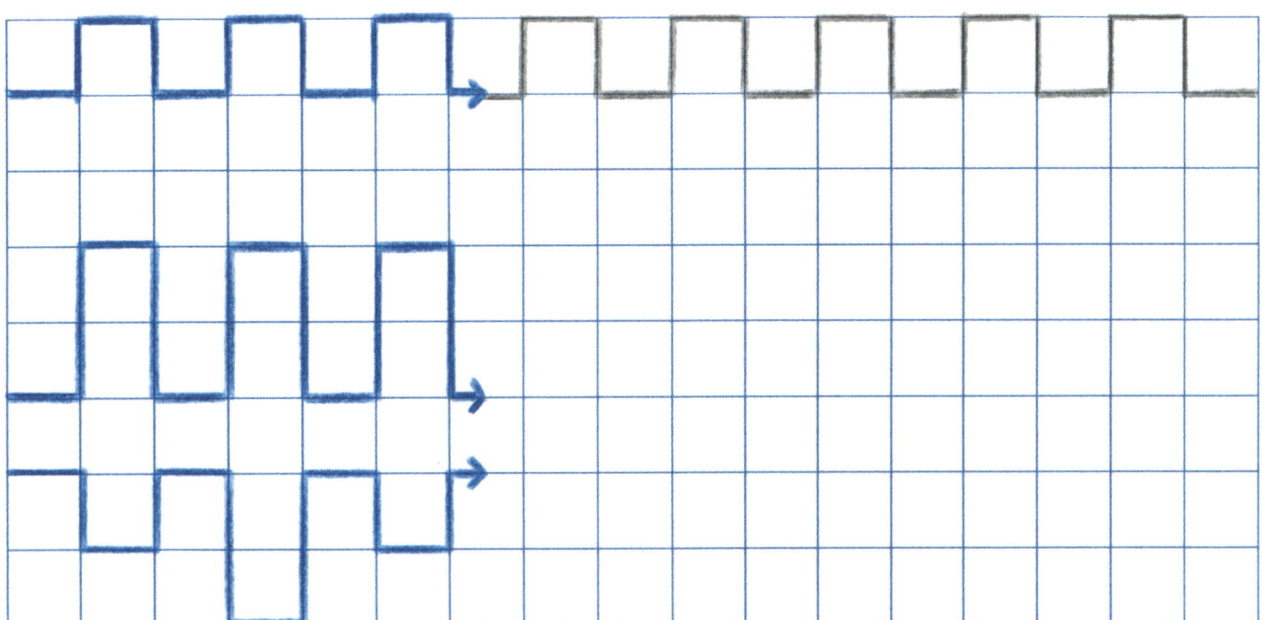

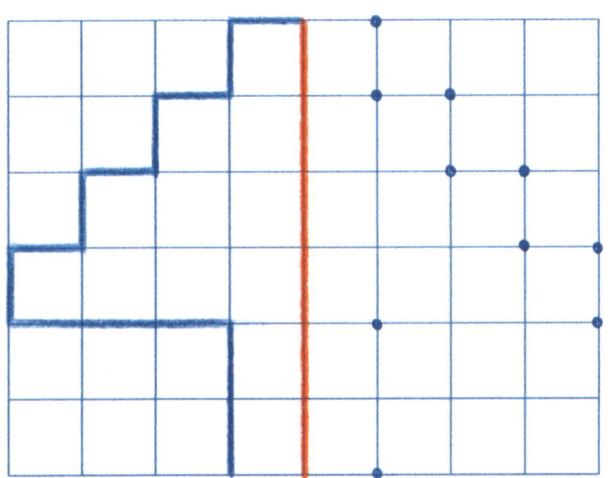

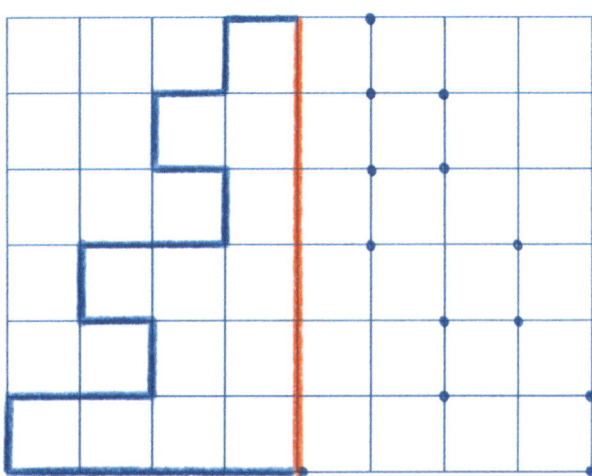

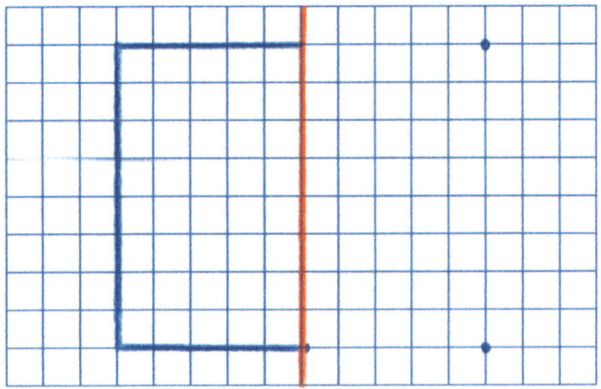

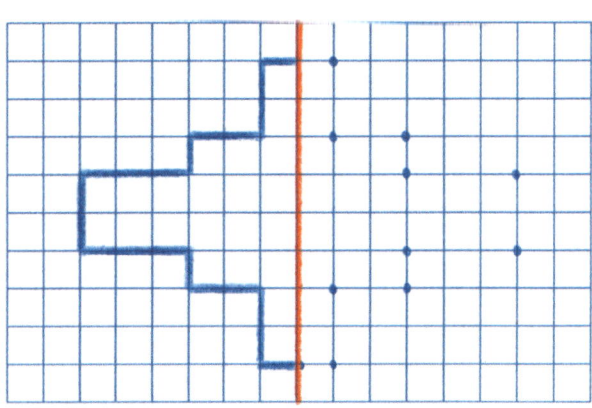

 Ziele: Figur-Hintergrund-Diskriminierung; Verbinden von Punkten auf kariertem Papier zur einer Figur
Vorübungen: Verbinden von Punkten zu einer einfachen Figur (Bsp.: Dreieck, Viereck …) ohne kariertem Hintergrund an der Tafel; Übertragen der Figur auf karierten Grund; Betrachten von Wimmelbildern; Lösen von Suchaufgaben
AB: Verbinden der Punkte auf dem karierten Grund zu Figuren, Linien; evtl. Frage: „Was könnte das sein?"

Ziele: Figur-Hintergrund-Diskriminierung
Vorübungen: Auslegen von einfachen Pappformen (Dreiecke, Kreise) auf unterschiedlichem Grund (einfarbig, gestreift, kariert, gemustert …); Umfahren der Formen mit dem Finger; Zählen der ausgelegten Figuren
AB: Umfahren der Figuren mit dem Finger oder einem Stift; Zählen: „Wie viele Mimis / Fische sind das?"

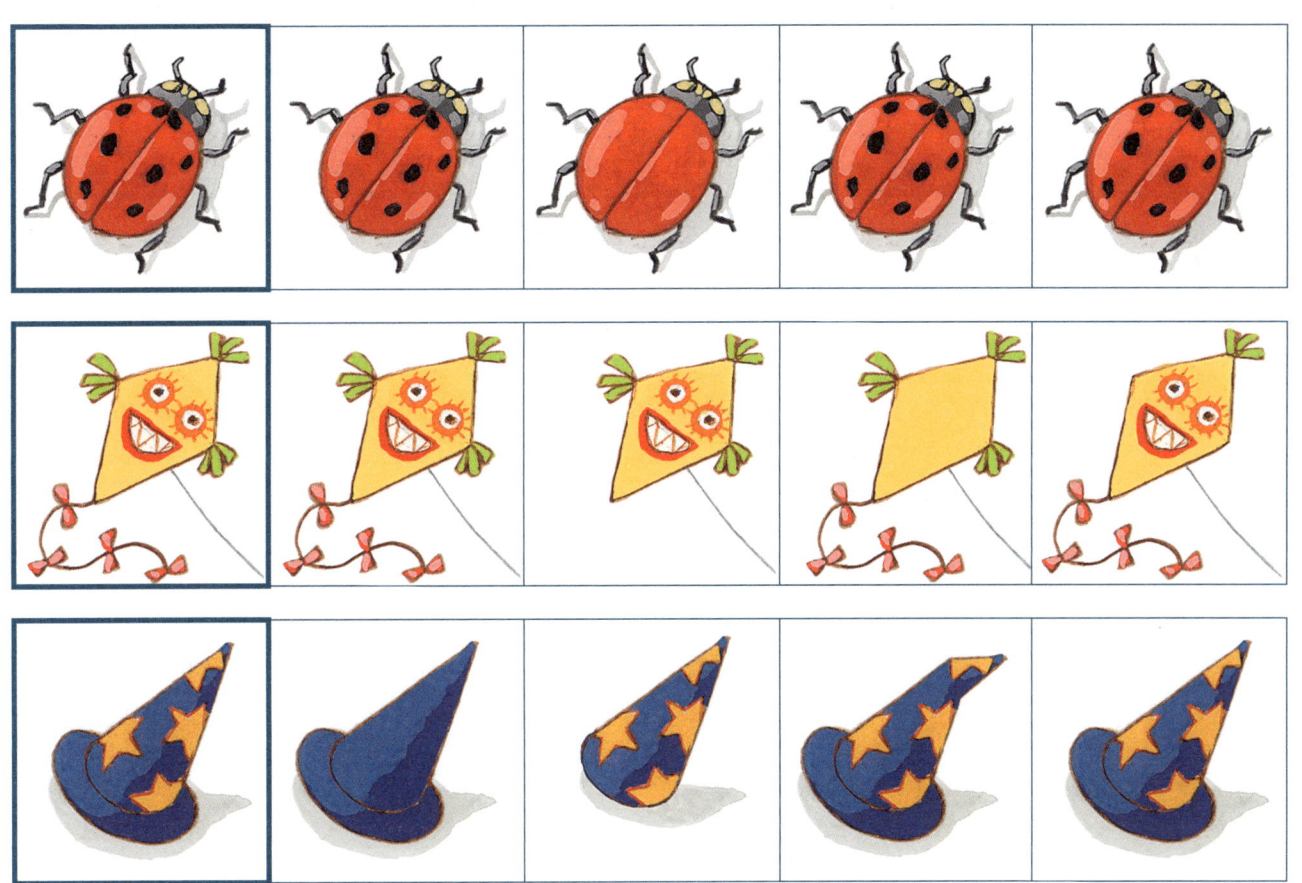

© 2013 Cornelsen Schulverlage GmbH, Berlin

 Ziele: Visuelle Konzentration und Paarbildung
Vorübungen: Auslegen von ähnlichen Gegenständen, darunter ein identisches Paar (z.B. Knöpfe, Stifte, Murmeln …);
Vergleichen, Besprechen der Unterschiede / Gemeinsamkeiten; Bilden der Paare
AB: Betrachten von Bild 1; Finden des identischen Bildes in der Reihe; Tipp: mündliches Beschreiben

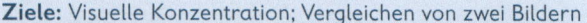

16 **Ziele:** Visuelle Konzentration; Vergleichen von zwei Bildern
Vorübungen: Ausschneiden einer kleinen „Lupe" aus Pappe (Kreis mit einem ausgeschnittenem Innenkreis); Abfahren des ersten Bildes mit der Lupe; Tipp: mündliches Beschreiben des im Fokus liegenden Ausschnitts
AB: genaues Betrachten der zwei Bilder, Finden und Umkreisen der Unterschiede (4)

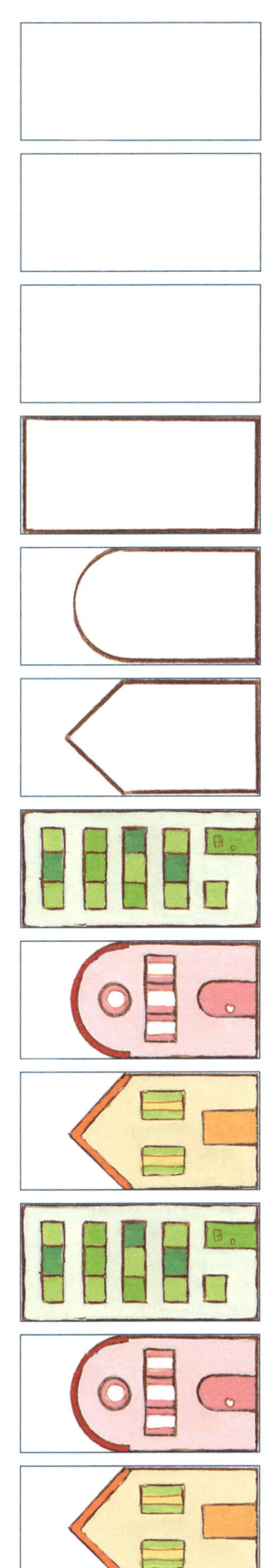

Ziele: Bilden von Reihen (Dreierketten); visuelle Konzentration; Logik; Feinmotorik
Vorübungen: Legen von Reihen mit geometrischen Körpern (z.B. Kugel, Quader, Kugel, Quader …); Beschreiben der Reihen; Befühlen der Formen, Fortführen der Reihen
AB: Ausschneiden der Bilder; Fortführen der Reihen durch Auflegen / Aufkleben der Bilder

Ziele: Bilden von Reihen (Zweier- und Dreierketten); visuelle Konzentration; Logik; Feinmotorik
Vorübungen: Legen von Reihen mit geometrischen Plättchen (Unterschiede in Farbe und Form);
Beschreiben und Fortführen der Reihen
AB: Fortführen der dargestellten Reihen durch farbiges Ausmalen

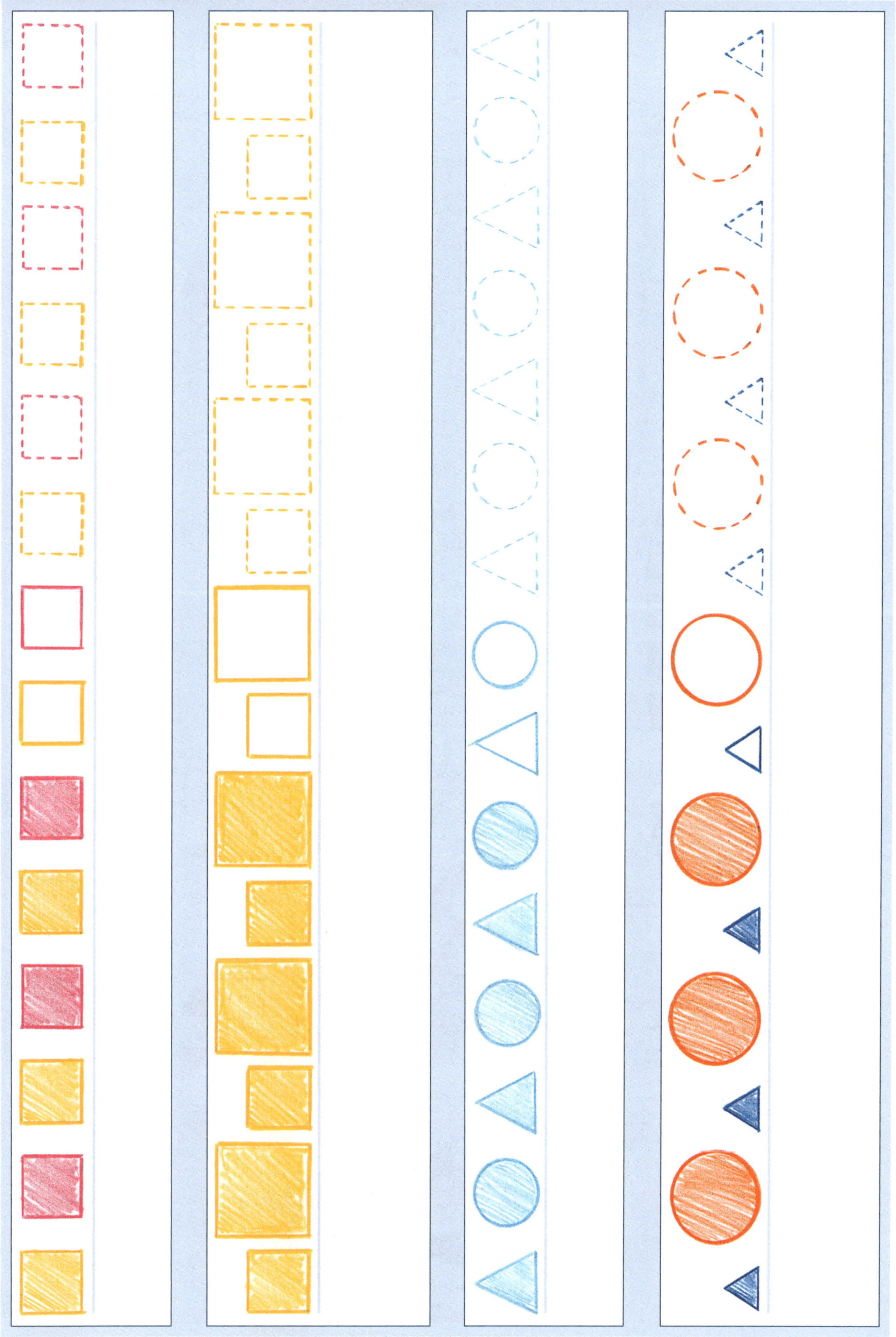

Ziele: Bilden von Reihen; visuelle Konzentration; logisches Denken; Schulung der Feinmotorik
Vorübungen: Legen von Reihen mit geometrischen Plättchen; Tipp: nacheinander Erarbeiten von: 1. Farbwechsel, 2. Größen-wechsel, 3. Formwechsel, 4. Wechsel aller Merkmale (am schwersten)
AB: Fortführen der vier dargestellten Reihen durch farbiges Ausmalen und Ergänzen; eigenständiges Malen von Reihen

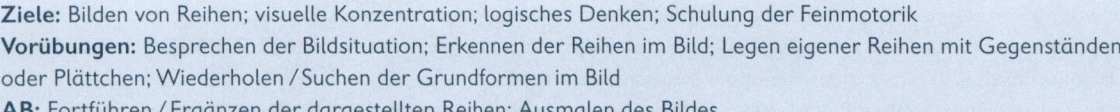

Ziele: Bilden von Reihen; visuelle Konzentration; logisches Denken; Schulung der Feinmotorik
Vorübungen: Besprechen der Bildsituation; Erkennen der Reihen im Bild; Legen eigener Reihen mit Gegenständen
oder Plättchen; Wiederholen / Suchen der Grundformen im Bild
AB: Fortführen / Ergänzen der dargestellten Reihen; Ausmalen des Bildes

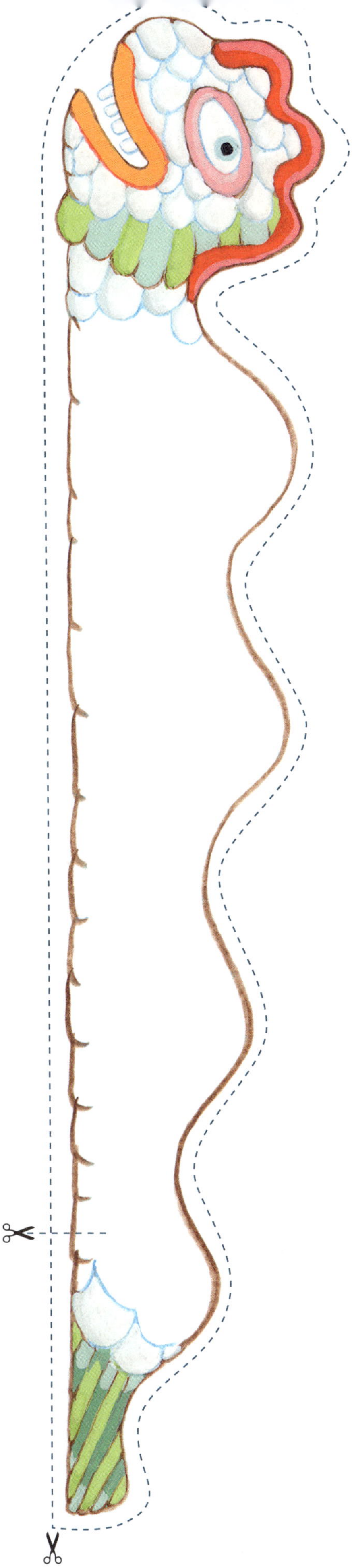

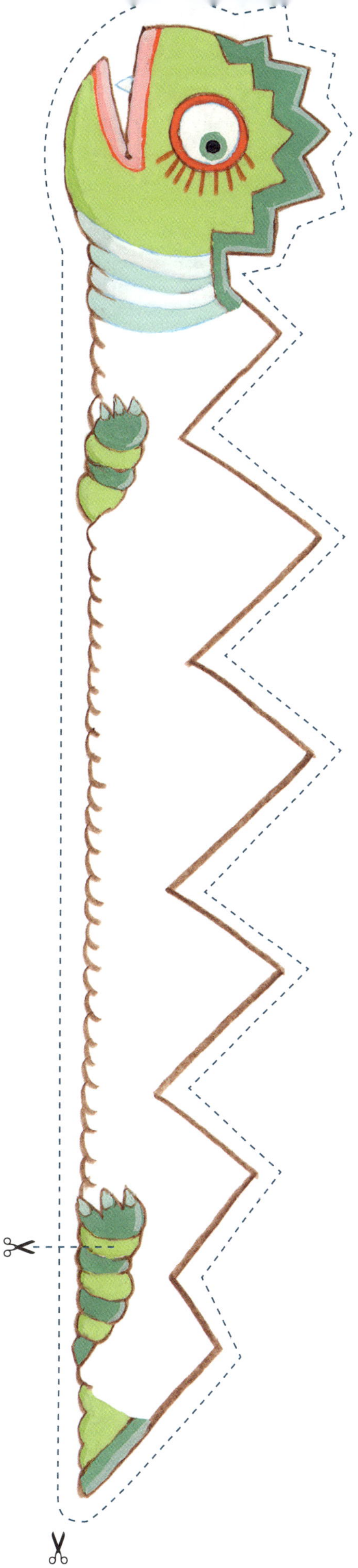

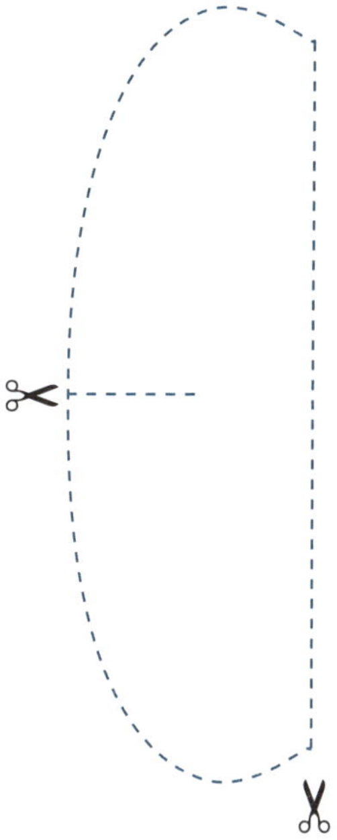

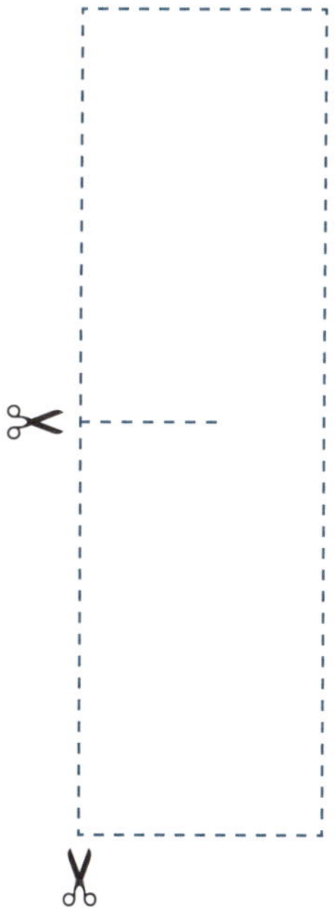

Ziele: Übung zur Motorik; exaktes Schneiden
Vorübungen: Fingerspiele; großmotorische Schwungübungen; Reißübungen (Zerreißen von Zeitung); Faltübungen (Servietten)
AB: Ausschneiden der Figuren entlang der Linien; Achtung: steigender Schwierigkeitsgrad (gerade, geschwungen, gezackt);
Tipp: prozessimmanente Förderdiagnostik; evtl. Ausmalen, Nutzen als Namensschild

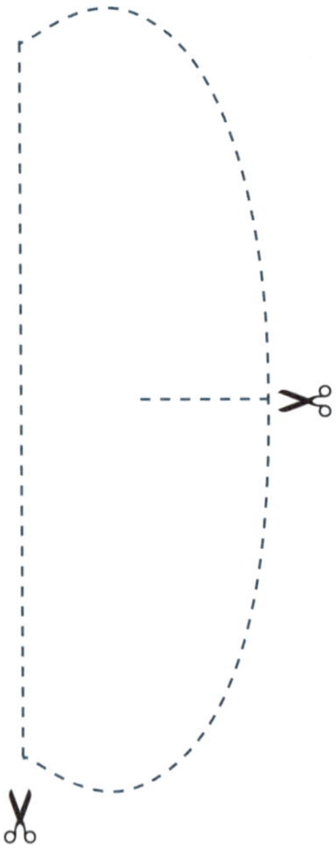

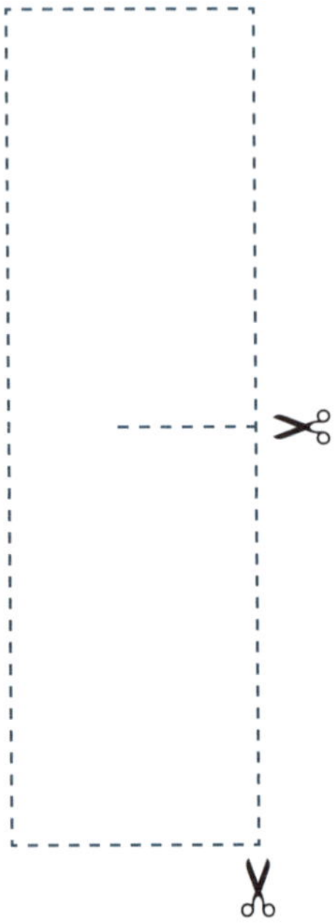

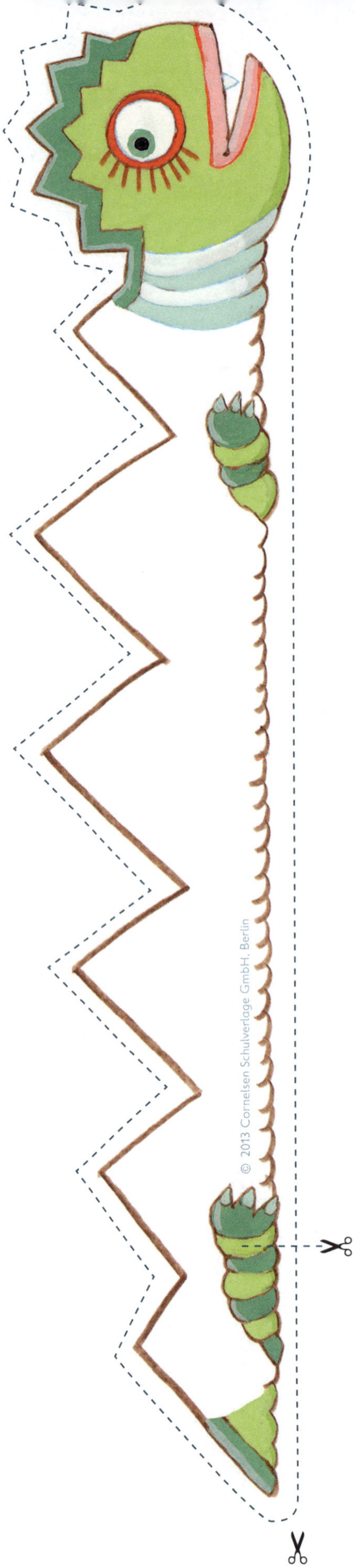

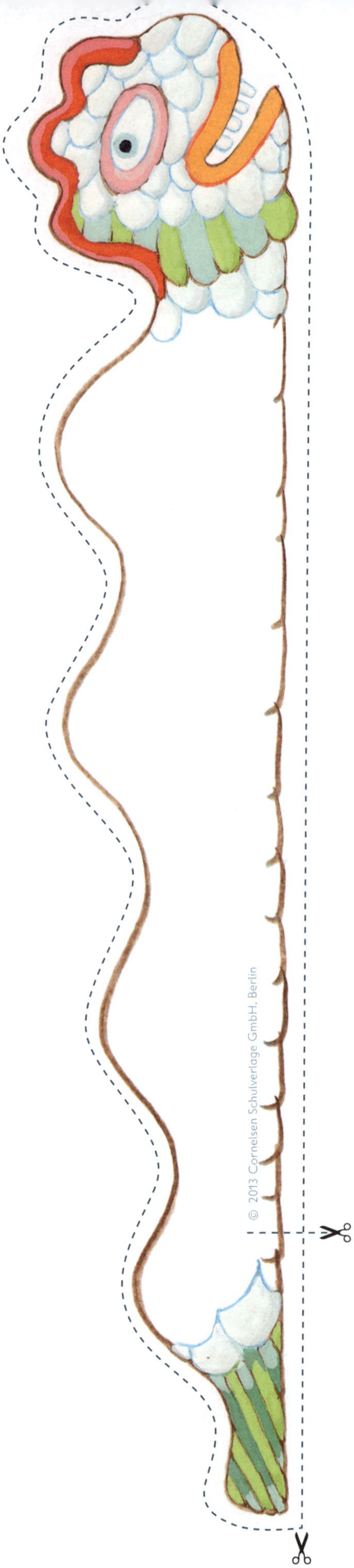

Ziele: Üben verschiedener Schreibformen

Vorübungen: großmotorische Schwungübungen mit Armen und Beinen; Schreibvorübungen an der Tafel mit nassem Schwamm, mit Kreide, in den Sandkasten; Legeübungen mit verschiedenen Materialien (Seile, Pfeifenreiniger, Knete)

AB: Nachspuren der Linien / Schreibformen in Pfeilrichtung

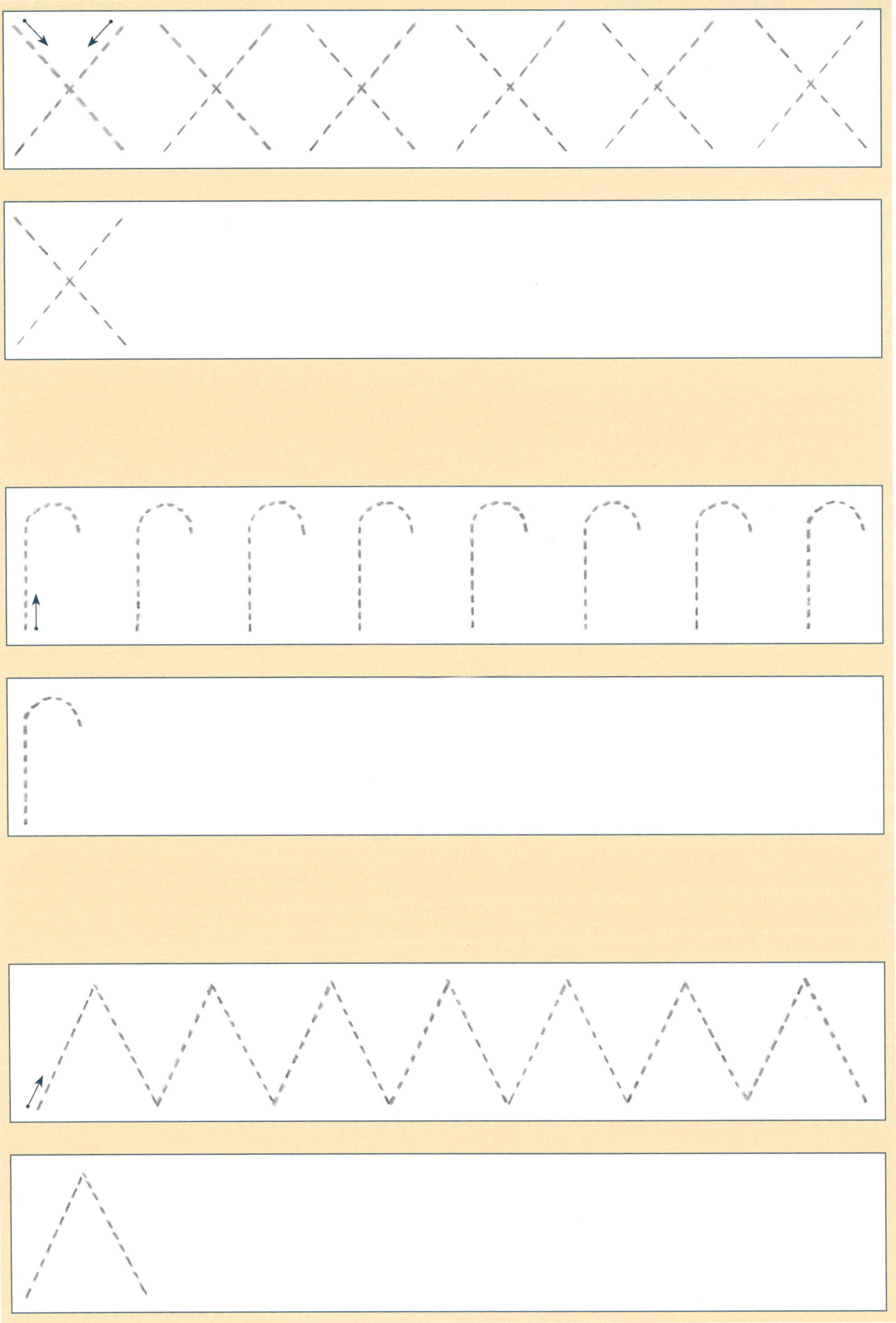

Ziele: Üben verschiedener Schreibformen
Vorübungen: großmotorische Schwungübungen mit Armen und Beinen; Schreibvorübungen an der Tafel mit nassem Schwamm, mit Kreide, in den Sandkasten; Legeübungen mit verschiedenen Materialien (Seile, Pfeifenreiniger, Knete)
AB: Nachspuren der Linien / Schreibformen in Pfeilrichtung

Ziele: Üben verschiedener Schreibformen
Vorübungen: großmotorische Schwungübungen mit Armen und Beinen; Schreibvorübungen an der Tafel mit nassem
Schwamm, mit Kreide, in den Sandkasten; Legeübungen mit verschiedenen Materialien (Seile, Pfeifenreiniger, Knete)
AB: Nachspuren der Linien / Schreibformen in Pfeilrichtung

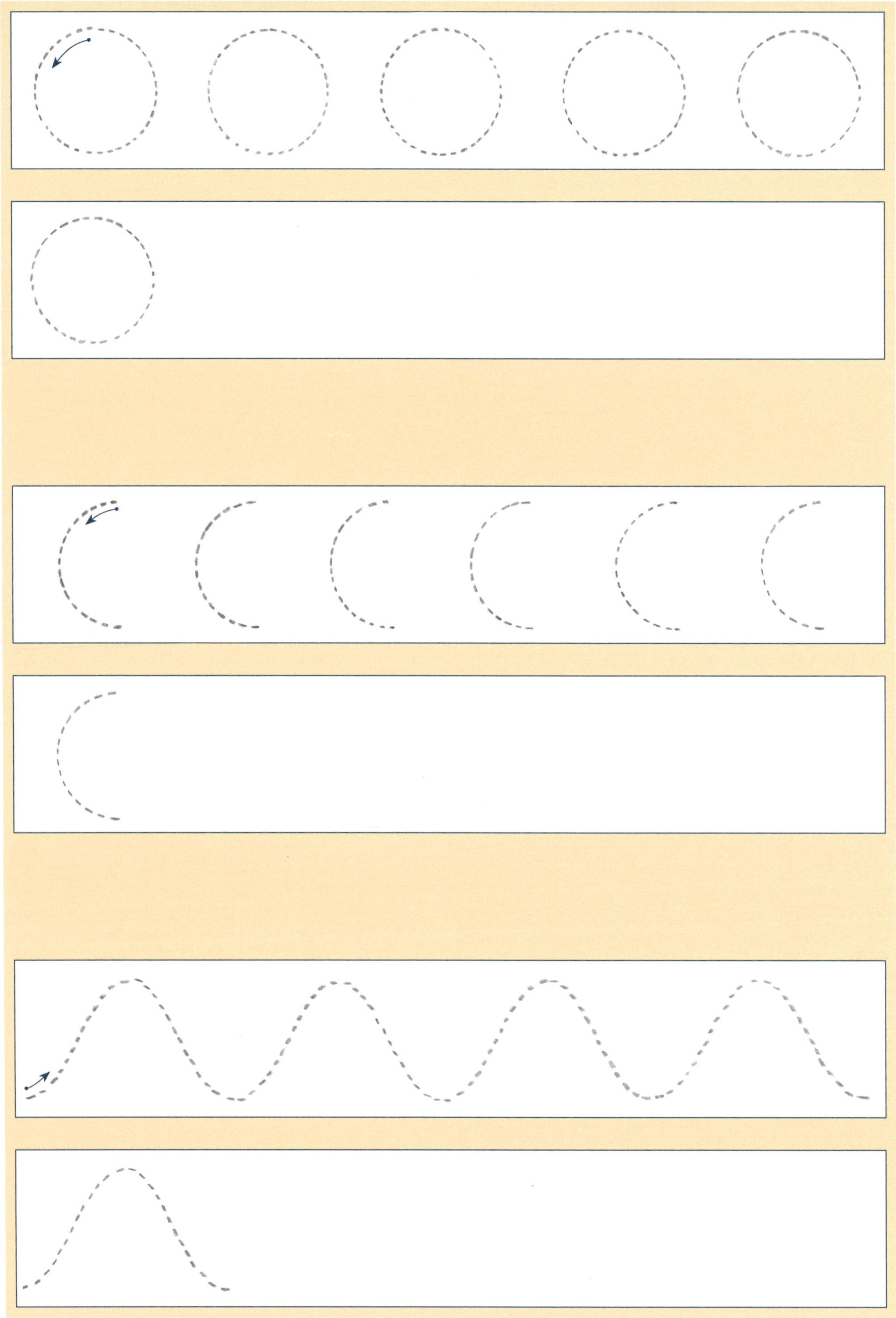

Ziele: Üben verschiedener Schreibformen
Vorübungen: großmotorische Schwungübungen mit Armen und Beinen; Schreibvorübungen an der Tafel mit nassem Schwamm, mit Kreide, in den Sandkasten; Legeübungen mit verschiedenen Materialien (Seile, Pfeifenreiniger, Knete)
AB: Nachspuren der Linien / Schreibformen in Pfeilrichtung

Ziele: logisches, generalisierendes Denken; Feststellen von Gemeinsamkeiten bei Gegenständen; Bilden von Klassen
Vorübungen: Sortierübungen mit Realgegenständen nach verschiedenen Gesichtspunkten (Farbe, Form, Größe, Funktion, Geschlecht …); Frage: „Was gehört zusammen?"
AB: Umkreisen der drei zusammengehörenden Gegenstände (1. Alles, was fährt. 2. Alles, was im Klassenraum ist.)

27

✂ -

Ziele: logisches, generalisierendes Denken; Feststellen von Gemeinsamkeiten bei Gegenständen; Bilden von Klassen
Vorübungen: Arbeit mit Realgegenständen; Sammeln von Wörtern zum Thema Obst und Küche; Spiel mit „Einkaufladen",
„Puppenküche"; Finden von Oberbegriffen
AB: Benennen der Bilder; Aufgabe: „Welcher Gegenstand von unten passt in die obere Reihe?"; Umkreisen des Bildes

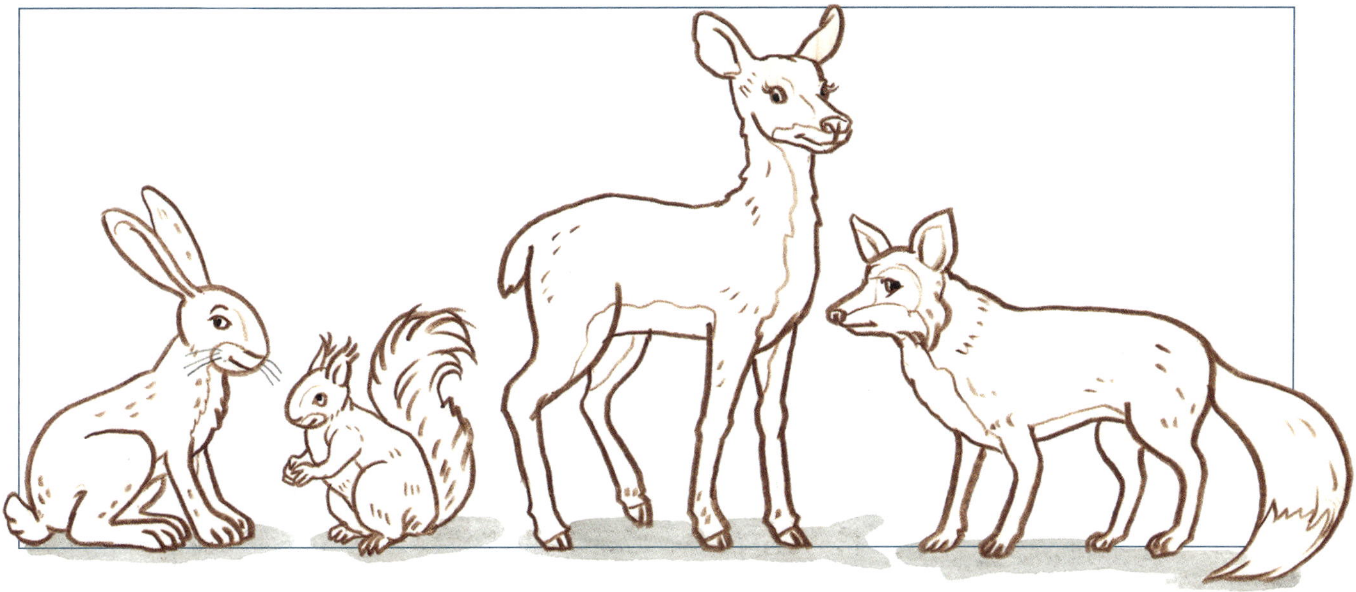

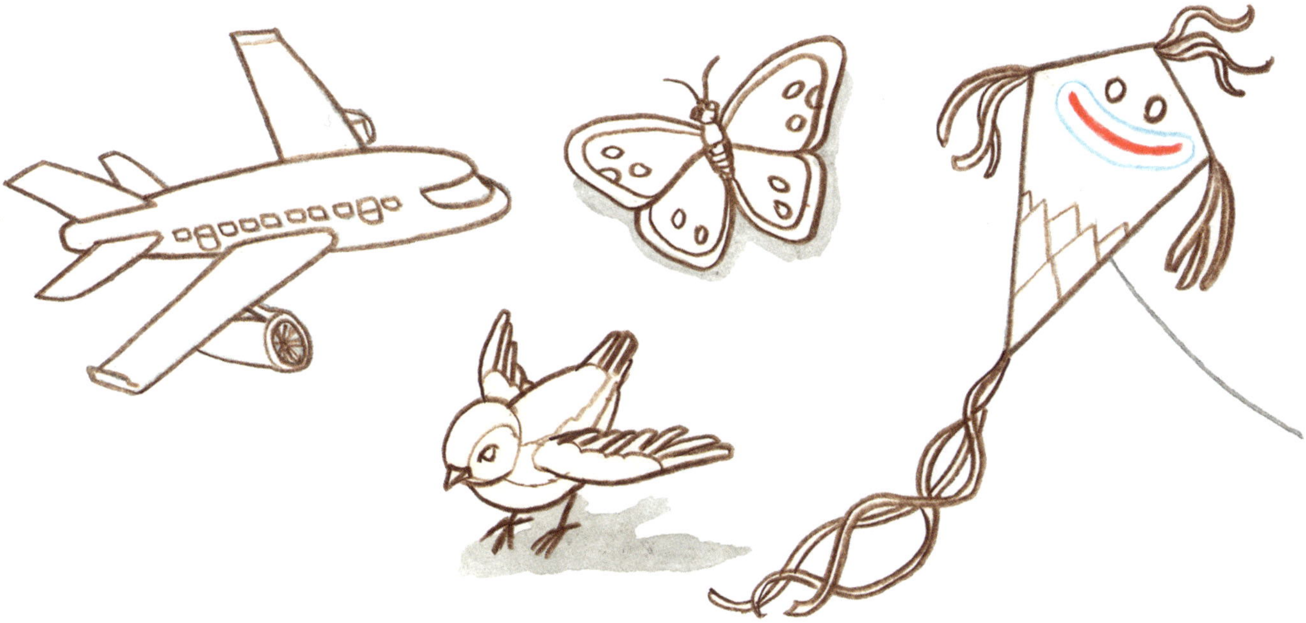

Ziele: logisches, generalisierendes Denken; Feststellen von Gemeinsamkeiten bei Gegenständen; Bilden von Klassen
Vorübungen: Arbeit mit Realgegenständen; Frage: „Was gehört zusammen?“
AB: Besprechen des Beispiels: „Was ist zu sehen? Wieso gehören Hase, Eichhörnchen, Reh und Fuchs zusammen?“; Umkreisen der zusammengehörenden Gegenstände (Alles, was fliegt. Alles, was schwimmt.), evtl. Ausmalen der Bilder

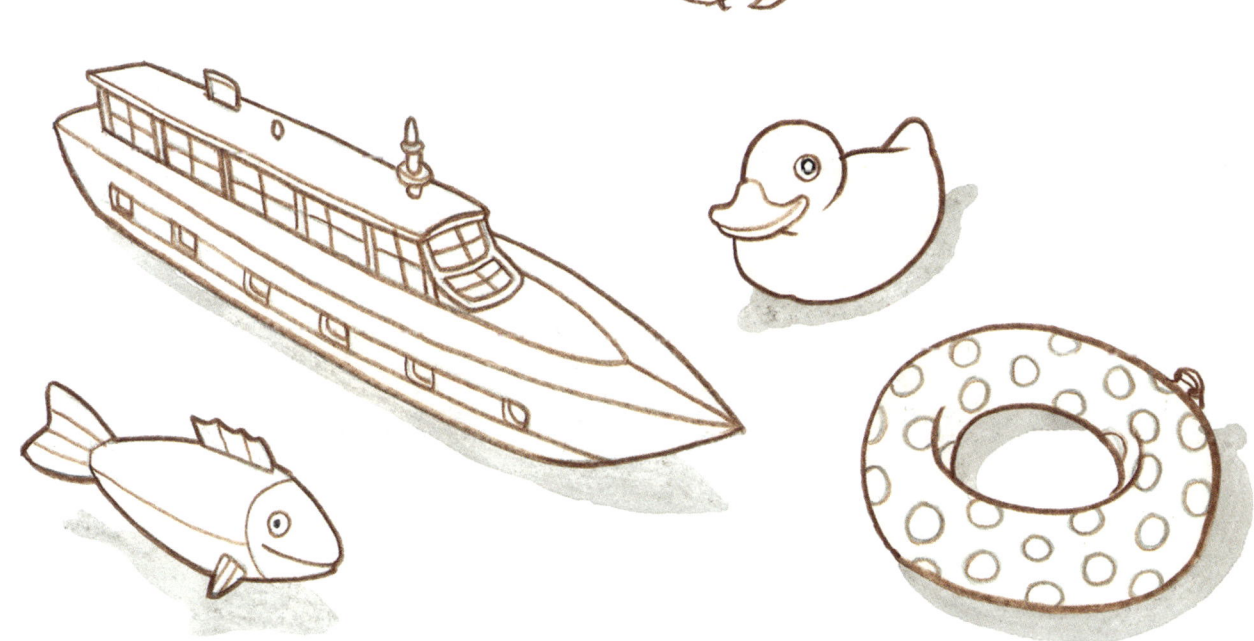

 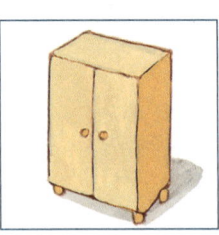   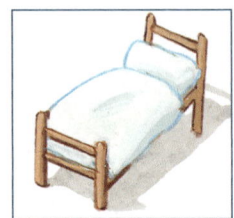

30 **Ziele:** logisches, diskriminierendes Denken; Feststellen von Unterschieden bei Gegenständen
Vorübungen: Sortierübungen mit Realgegenständen; Legen von Reihen; Frage: „Was passt nicht?"
AB: Benennen der abgebildeten Gegenstände; Finden des unpassenden Bildes in der Reihe, Durchstreichen; Finden von Oberbegriffen; Tipp: Nutzen der Bilder zur Wortschatzerweiterung

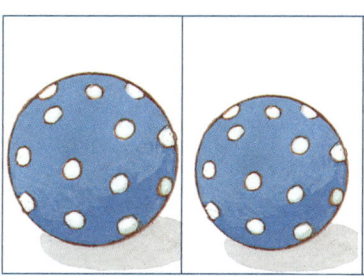

Ziele: logisches Denken; Feststellen von Gemeinsamkeiten; Klassenbildung; Herstellen logischer Beziehungen
Vorübungen: Auslegen von Reihen gleicher Gegenstände, die sich kontinuierlich in einem Merkmal abstufen
(heller werdende Rotstifte; größer werdende Knöpfe, Streichhölzer …); sinnvolles Fortsetzen der Reihe
AB: Besprechen der Reihen (Gemeinsamkeiten / Unterschiede); Umkreisen des Lösungsbildes; Tipp: Steigerungsformen

Ziele: logisches Denken; Bilden einfacher Analogien; Finden von Gegenständen, die in Beziehung zueinander stehen
Vorübungen: Auslegen von Realgegenständen (Topf/Topfdeckel, Geld/Geldbörse, Pinsel/Tuschkasten …); Aufforderung die Dinge zu ordnen; Finden von weiteren Beispielpaaren im Klassenraum
AB: Verbinden der passenden Gegenstände; Tipp: Nutzen des Sprechanlasses: „Der Topfdeckel gehört *auf* den Topf."; usw.

© 2013 Cornelsen Schulverlage GmbH, Berlin

Ziele: logisches Denken; Erfassen von Beziehungen und zeitlichen Abfolgen; Erzählen einer Geschichte mithilfe von Bildern
Vorübungen: Ordnen von zunächst nur zwei/drei Bildern
AB: Zerschneiden der Bildgeschichte in einzelne Bilder; Ordnen der Bilder in richtiger Reihenfolge auf dem Tisch; Erzählen der Geschichte; Aufkleben der Bilder; Tipp: Mischen der zwei Bildgeschichten (schwerer!)

34

Ziele: Üben von kausalem und finalem Denken; Erfassen von Beziehungen und zeitlichen Abfolgen
Vorübungen: Betrachten und genaues Beschreiben der drei Bildfolgen; Beschreiben der Unterschiede; Erzählen von drei verschiedenen Geschichten; Ausdenken dreier Ende: „Was passiert dann?"
AB: Abschneiden der drei unteren Bilder; Auflegen der passenden Bilder in die Bildreihen; Aufkleben, dazu Erzählen

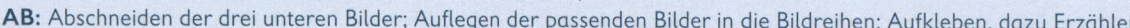

36

Ziele: Üben von kausalem und finalem Denken; Erfassen von Beziehungen und zeitlichen Abfolgen

Vorübungen: Betrachten und genaues Beschreiben der drei Bildfolgen; Beschreiben der Unterschiede; Erzählen von drei verschiedenen Geschichten; Ausdenken dreier Ende: „Was passiert dann?"

AB: Abschneiden der drei unteren Bilder; Auflegen der passenden Bilder in die Bildreihen; Aufkleben, dazu Erzählen

Ziele: Erkennen von Sinnwidrigkeiten; Vergleichen eines Bildes mit den eigenen Erfahrungen
Vorübungen: Aktivieren der eigenen Erfahrungswelt durch kleine Malaufträge: „Male einen Mann im Auto.", „Male eine
Frau mit Kinderwagen.", usw.; Nachspielen der Situationen
AB: Finden der einen Sinnwidrigkeit in jedem Bild; Umkreisen; Tipp: Vergleichen mit den zuvor angefertigten Bildern

37

38 **Ziele:** Erkennen von Sinnwidrigkeiten in einem Wimmelbild
Vorübungen: Ausschneiden einer kleinen „Lupe" aus Pappe; Abfahren des Bildes mit der Lupe; mündliches Beschreiben
AB: Finden, Benennen und Umkreisen der Sinnwidrigkeiten im Bild (8): Robbe, eckiger Fußball, Schneemann, Löwe, Katzenschwanz hinter dem Baum, Bett, Schwimmflossen, Eisangeln

Ziele: abstraktes Denken; Einführung von Piktogrammen
Vorübungen: Bereitlegen einer Schere, eines Klebestiftes, eines Stiftes, mehrerer Buntstifte und eines Papiers; Erteilen von kleinen Aufträgen: „Schneide!", „Male!" usw.; Bewusstmachen der nötigen Arbeitsmaterialien
AB: Beschreiben der Bilder: „Was macht Hannes?"; Zuordnen des passenden Piktogramms; Verbinden

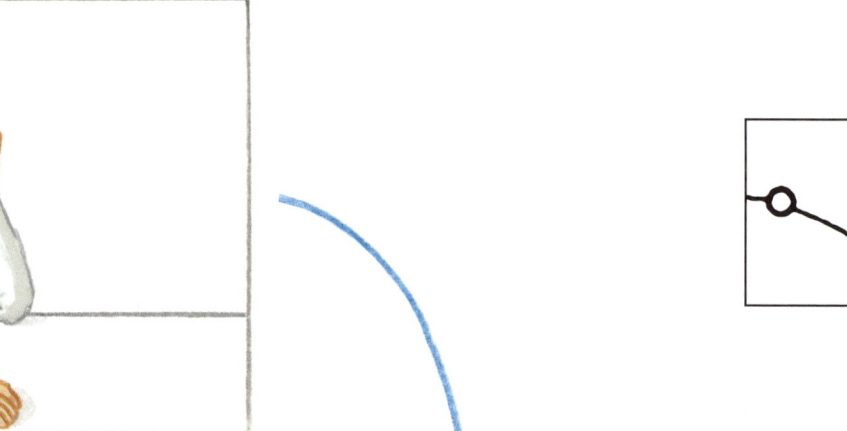

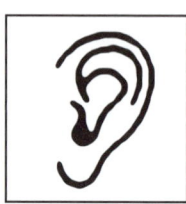

Ziele: abstraktes Denken; Einführung von Piktogrammen
Vorübungen: Bereitlegen einer Glocke, eines Lineals, eines Bildes, eines Buches; Erteilen von kleinen Aufträgen: „Lies!",
„Verbinde!"; usw.; Bewusstmachen der nötigen Materialien bzw. der Sinnesorgane
AB: Beschreiben der Bilder: „Was macht Hannes?"; Zuordnen des passenden Piktogramms; Verbinden

Ziele: akustische Differenzierung von Geräuschen und Klängen in Raumlage und -ebene
Vorübungen: Schließen der Augen; Erzeugen eines Klangs oder eines Geräusches; Raten durch S.;
Tipp: Geräuschspaziergang Musikus 1/2; Geräuschmemo; Spiele wie: Stille Post …
AB: Beschreiben und Nachspielen der dargestellten Aktionen

42
Ziele: akustische Differenzierung von Anlauten (A, E, I, O, U, Ei)
Vorübungen: gedehntes Sprechen, Singen nur eines Vokals (evtl. mit verschiedener Intonation); Erforschen der Mundstellung (Spiegel, beim Partner); Sprechen von Wörtern mit dem Anlaut und einem Störwort (Welches war nicht richtig?)
AB: Sprechen der dargestellten Begriffe; Hören des Anlautes; Durchstreichen des „Störwortes"

Ziele: Stellen und Ausführen von einfachen und mehrgliedrigen Anweisungen
Vorübungen: Vorgeben einfacher Aufträge: „Wische die Tafel." usw.; Vorgeben mehrgliederiger Anweisungen: „Male eine Sonne und einen Baum."; Ausdenken von weiteren Aufträgen, konkrete Umsetzung
AB: Beschreiben des Bildes: „Was machen die Personen?"; Formulieren von Aufträgen anhand der Bildideen; Umsetzung

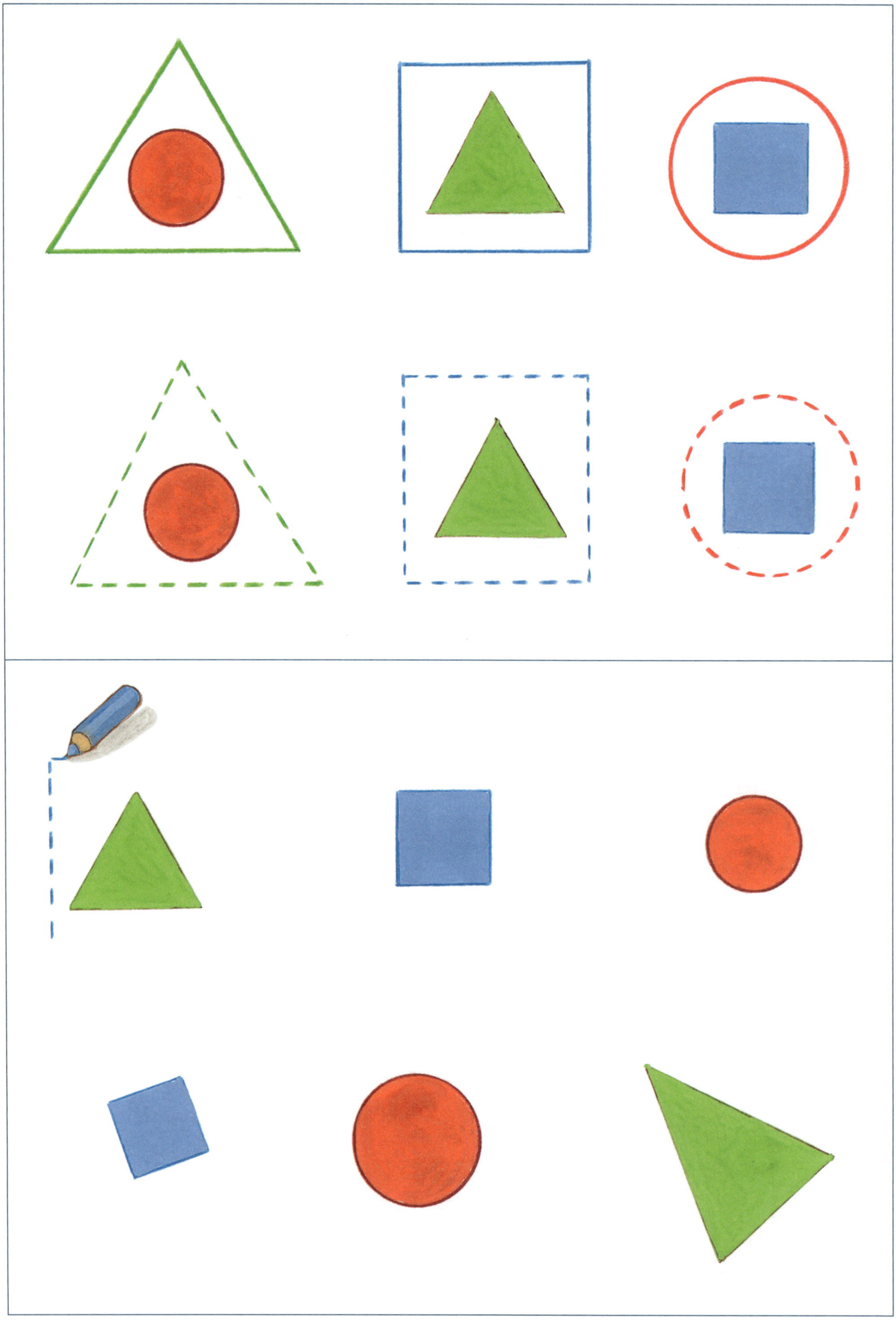

Ziele: Stellen und Ausführen von komplizierten, logischen Anweisungen
Vorübungen: Wiederholen der Grundformen und Farben an konkreten Materialien
AB: Stellen von Aufträgen: „Zeichne um jeden roten Kreis ein grünes Dreieck.", „Zeichne um jedes grüne Dreieck ein blaues Viereck.", „Zeichne um jedes blaue Viereck einen roten Kreis."; Stellen eigener Aufträge

Ziele: Sprechen von Wörtern mit Artikulationshürden (Tr, Bl, Gr, …); Tipp: geeignet für Diagnose von Sprachschwierigkeiten
AB: Benennen der Bilder unter Verwendung von Adjektiven, dabei Verbinden der passenden Paare; Bsp.: ein kleiner Trecker –
ein großer Trecker; ein rotes Dreirad – ein grünes Dreirad; ein grüner Frosch – ein brauner Frosch; eine gelbe Blume – eine
blaue Blume; ein großes Schloss – ein kleines Schloss; eine blaue Pflaume – eine gelbe Pflaume

45

   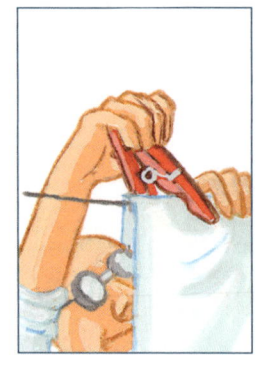 

Ziele: Sprechen von Wörtern mit Artikulationshürden (Schw, Kl, Fr, Pr…); Bilden von Sätzen; Tipp: geeignet für Diagnose
AB: Benennen der Bilder unter Verwendung von Adjektiven; Bilden von Sätzen, dabei Verbinden der Paare, Bsp.: „Das rosa Schwein sitzt im roten Trecker."; weitere Sätze: Ein bunter Clown hält einen gelben Drachen. Ein grüner Frosch schwimmt im großen Glas. Eine schöne Prinzessin trägt eine goldene Krone. Ein alter Mann nimmt eine rote Klammer.

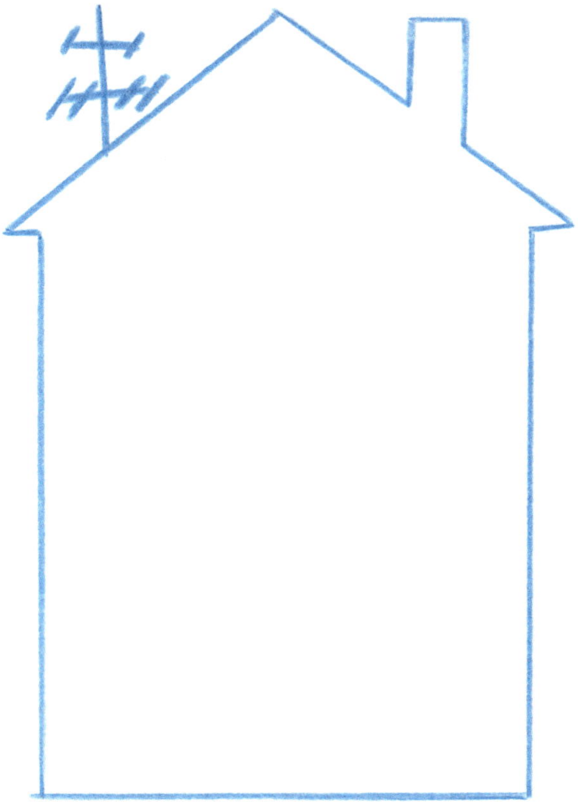

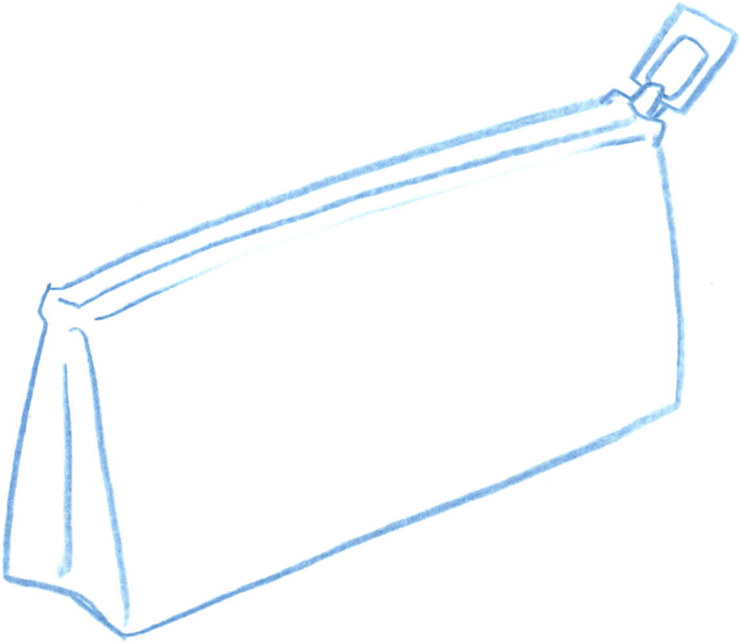

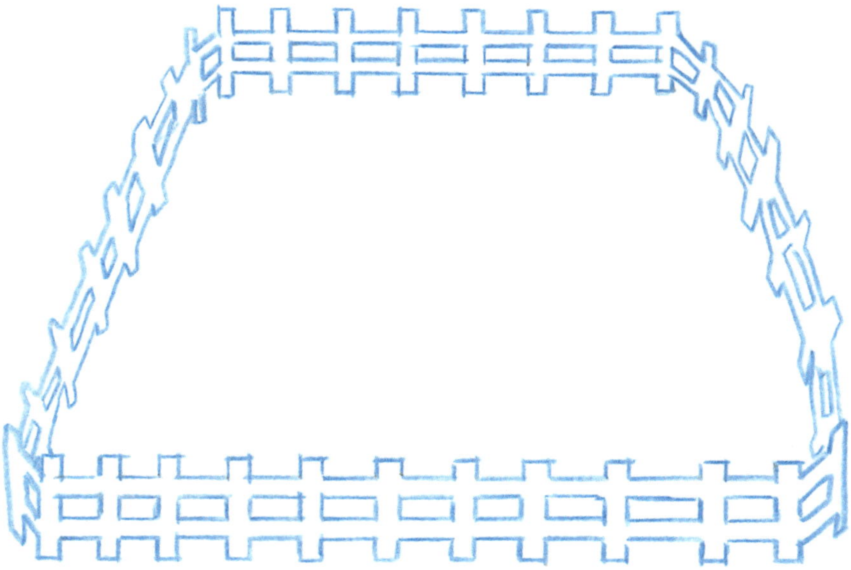

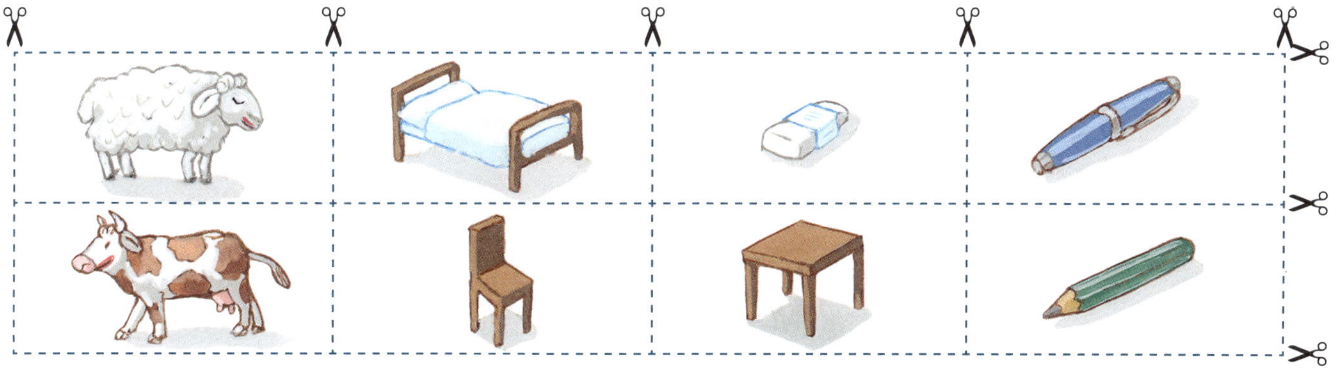

Ziele: Finden von Oberbegriffen zu Unterbegriffen

Vorübungen: Auslegen und Sortieren von Realgegenständen (Bsp.: Obstkorb und verschiedene Obststücke; Federtasche und Schreibutensilien; Puppenhaus und verschiedene Möbel); Benennen der Gegenstände und der Ober- und Unterbegriffe

AB: Ausschneiden der Bilder; Sortieren der Bilder in die passenden Vorlagen; Benennen der Begriffe

47

  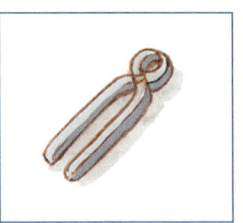 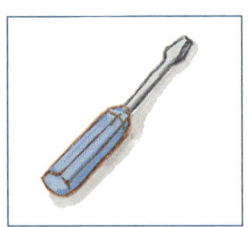 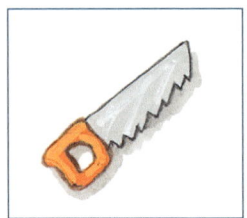

     ●

   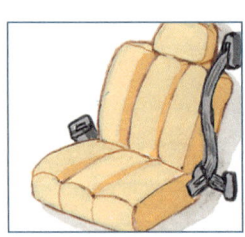  ●

Ziele: Finden von Oberbegriffen zu Unterbegriffen
Vorübungen: Auslegen und Sortieren von Realgegenständen; Benennen der einzelnen Gegenstände; Benennen der Begriffe;
Abstufung möglich, Bsp.: 1) Das ist eine Hose. 2) Zeige auf die Hose. 3) Was ist das?
AB: Benennen der Bilder in einer Reihe; Finden des Bildes, das nicht passt; Durchstreichen

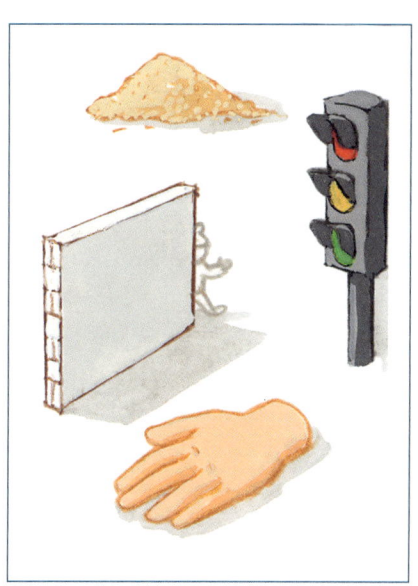

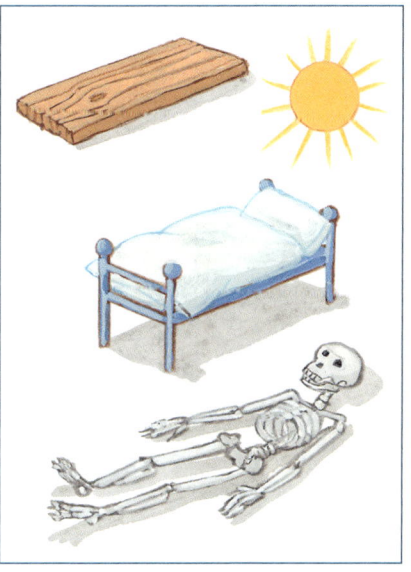

Ziele: Finden von Reimwörtern
Vorübungen: Lesen von kleinen Versen, Gedichten; Singen von Liedern; Fingerspiele; Abzählreime …
AB: Benennen der abgebildeten Gegenstände in einem Kasten; Finden der drei Reimwörter; Durchstreichen des nicht passenden Bildes; Tipp: Zerteilen des Arbeitsbogens in drei Streifen (Reduktion der Aufgabenmenge)

 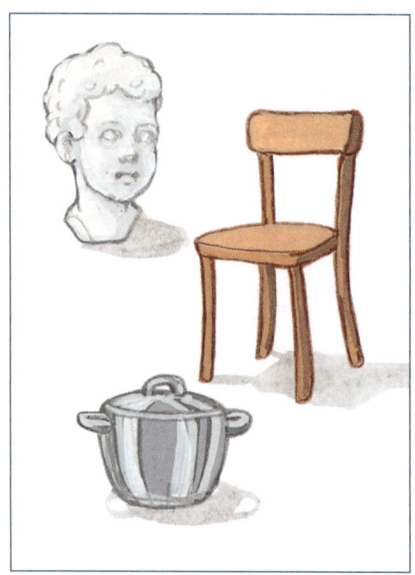 

Ziele: Finden von Reimwörtern

Vorübungen: Lesen von kleinen Versen, Gedichten; Singen von Liedern; Fingerspiele; Abzählreime …

AB: Benennen der abgebildeten Gegenstände in einem Kasten; Finden der zwei Reimwörter; Durchstreichen des nicht passenden Bildes; Tipp: Zerteilen des Arbeitsbogens in drei Streifen (Reduktion der Aufgabenmenge)

Ziele: Finden von Reimwörtern

Vorübungen: Lesen von kleinen Versen, Gedichten; Singen von Liedern; Fingerspiele; Abzählreime …

AB: Zerschneiden der Karten als Domino oder als Memo; Finden der passenden Reimwörter; evtl. Ausmalen der Bilder

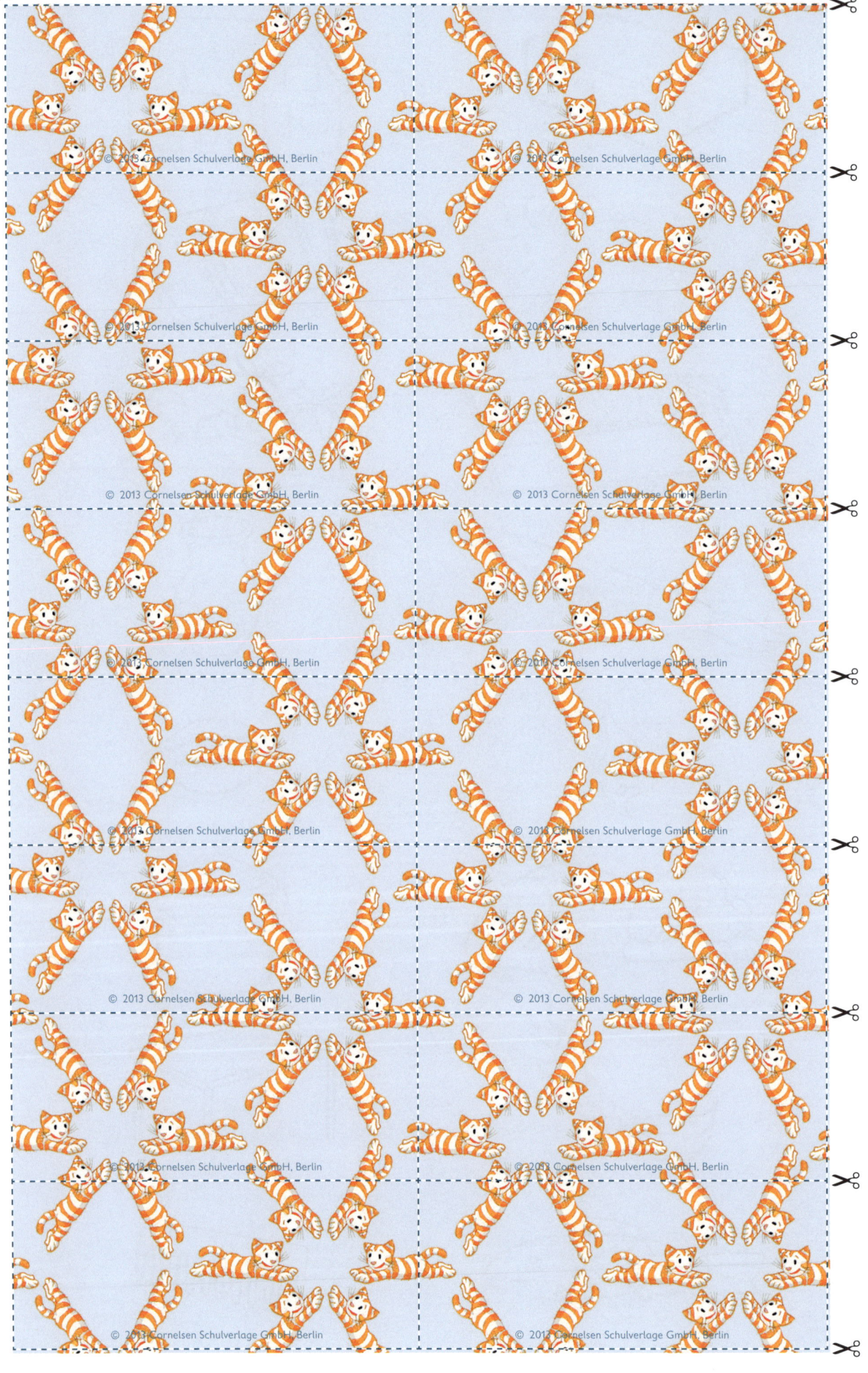

52

Ziele: Zerlegen von dreisilbigen Wörtern
Vorübungen: Hüpfspiele auf dem Schulhof (Bsp.: Aufmalen von mehreren Hüpfkästchen; rhythmisches Nennen von Wörtern entsprechend der Silben; Vorwärtshüpfen); Klatschspiele; Zuwerfen eines Balls; Bilden von mehrsilbigen Quatschwörtern
AB: Zerschneiden der Figuren; Auslegen auf dem Tisch; Zusammenschieben, dabei gedehntes Sprechen: Pa-pa-gei; Kro-ko-dil

54

Ziele: Zerlegen von zweisilbigen Wörtern
Vorübungen: Hüpfspiele auf dem Schulhof; Klatschspiele; Zuwerfen eines Balls; Bilden von zweisilbigen Quatschwörtern
AB: Ausmalen der Tierhinterhälften; Verbinden der Vorderhälfte mit der Hinterhälfte, dabei silbenweises, gedehntes Sprechen:
Ti-ger, Am-sel, Ha-se, Bie-ne, Zie-ge, Lö-we; Tipp: Zerschneiden des Bogens in Karten für ein Memo-Spiel

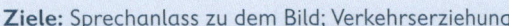

Ziele: Sprechanlass zu dem Bild; Verkehrserziehung
Vorübungen: Erkunden der Schulumgebung; Besprechen von Gefahren und richtigem Verhalten im Verkehr
AB: Erzählen zu den Bildsituationen (dargestellt sind typische Gefahren: Laufen auf dem Radweg; Linksabbieger;
Bus, der an der Ampel im Fußgängerbereich hält …); Finden und Umkreisen des Unsinns im Bild